Johann Sebastian Bach
ORGAN MUSIC

·

THE BACH-GESELLSCHAFT
EDITION

DOVER PUBLICATIONS, INC.
NEW YORK

Published in Canada by General Publishing Company, Ltd., 30 Lesmill Road, Don Mills, Toronto, Ontario.

Published in the United Kingdom by Constable and Company, Ltd., 10 Orange Street, London WC 2.

This Dover edition, first published in 1970, is an unabridged republication of *Johann Sebastian Bach's Orgelwerke,* Volume 15 (pp. 3-78); *Clavierwerke,* Volume 3 (pp. 173-260); and *Orgelwerke,* Volume 25.2 (pp. 3-60, 63-76, 79-189) originally published by the Bach-Gesellschaft, Leipzig, in 1865, 1853 and 1875, respectively.

The publisher is grateful to the Sibley Music Library of the Eastman School of Music, Rochester, N. Y., for making its material available for reproduction.

Standard Book Number: 486-22359-0
Library of Congress Catalog Card Number: 78-104807

Manufactured in the United States of America
Dover Publications, Inc.
180 Varick Street
New York, N.Y. 10014

Contents

Six Trio Sonatas

Sechs Sonaten

für

zwei Clavierre und Pedal.

Es dur, C moll, D moll, E moll, C dur, G dur.

———————

SONATA I.

a 2 Clav.

e

Pedale.

4 [4]

Adagio.

Allegro.

SONATA II.

B.W. XV.

Largo.

Allegro.

SONATA III.

Adagio e dolce.

Vivace.

SONATA IV.

Andante.

Un poco Allegro.

SONATA V.

Allegro.

a 2 Clav.

e

Pedale.

Largo.

Allegro.

SONATA VI.

Lento.

Allegro.

Clavierübung Part III

Clavierübung.

Dritter Theil.

Choralvorspiele und Duetten.

Praeludium pro Organo pleno.

Kyrie, Gott Vater in Ewigkeit. Canto fermo in Soprano. a **2** Clav. e Pedale.

Christe, aller Welt Trost. Canto fermo in Tenore. a **2** Clav. e Pedale.

Kyrie, Gott heiliger Geist. a 5. Canto fermo in Basso. Con Organo pieno.

Kyrie, Gott Vater in Ewigkeit. Alio modo. Manualiter.

Christe, aller Welt Trost.

Kyrie, Gott heiliger Geist.

Allein Gott in der Höh' sei Ehr'. a **3.** Canto fermo in Alto.

Allein Gott in der Höh' sei Ehr'. a **2** Clav. e Pedale.

Fughetta super: **Allein Gott in der Höh' sei Ehr.** Manualiter.

Diess sind die heil'gen zehn Gebot'. Canto fermo in Canone. a **2** Clav. e Pedale.

Fughetta super: **Diess sind die heil'gen zehn Gebot.** Manualiter.

Wir glauben all' an einen Gott. In Organo pleno.

Fughetta super: **Wir glauben all' an einen Gott.** Manualiter.

Vater unser im Himmelreich. Canto fermo in Canone. a **2** Clav. e Pedale.

Vater unser im Himmelreich. Alio modo. Manualiter.

Christ unser Herr zum Jordan kam. a 2 Clav. e Canto fermo in Pedale.

Christ unser Herr zum Jordan kam. Alio modo. Manualiter.

Aus tiefer Noth schrei' ich zu dir. a 6. In Organo pieno con Pedale doppio.

Ped. dopp.

Aus tiefer Noth schrei'ich zu dir. a 4. Alio modo. Manualiter.

Jesus Christus unser Heiland, der von uns den Zorn Gottes wand. a 2 Clav. e Canto fermo in Pedale.

Fuga super: **Jesus Christus unser Heiland.** a 4. Manualiter.

DUETTO I.

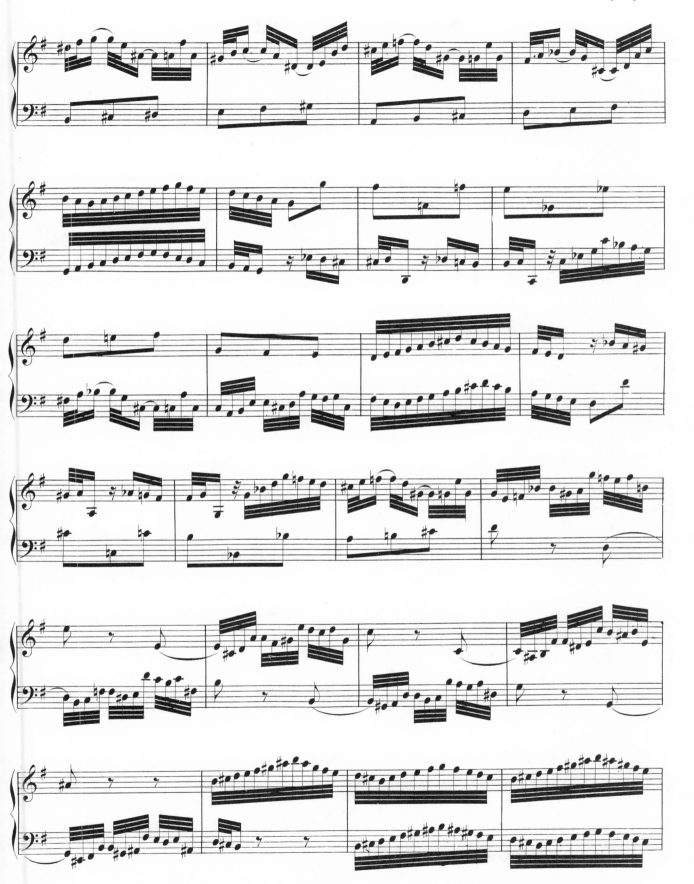

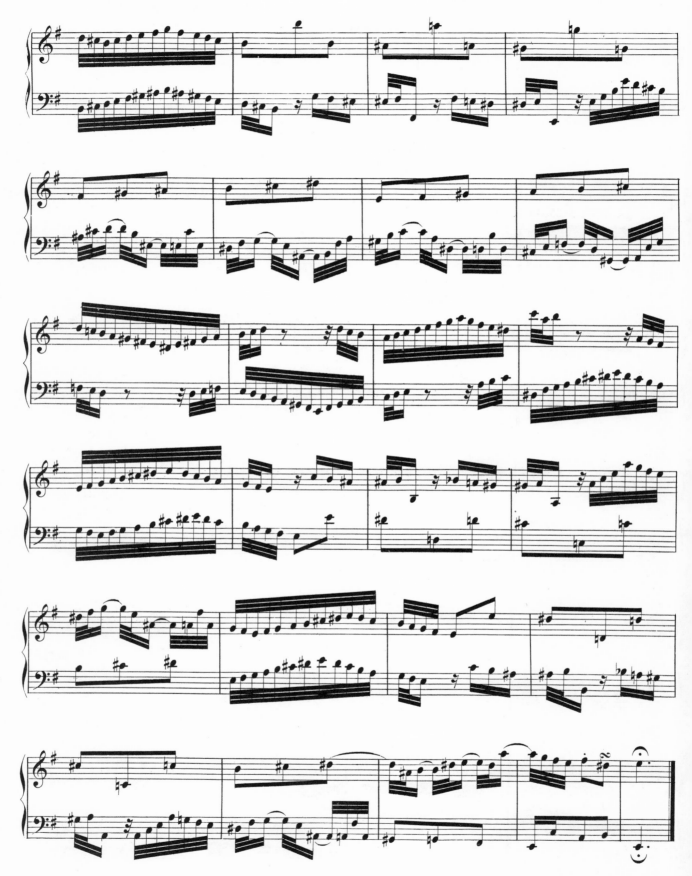

DUETTO II.

Da Capo.

DUETTO III.

DUETTO IV.

Fuga a 5 pro Organo pleno.

Das Orgelbüchlein

I.

Orgel-Büchlein

Worinnen einem anfahenden Organisten
Anleitung gegeben wird, auf allerhand
Art einen Choral durchzuführen, an „
bei auch sich im Pedal studio zu habi„
litiren, indem in solchen darinnen
befindlichen Chorälen das Pedal
ganz obligat tractiret wird.

Dem höchsten Gott allein zu Ehren,
Dem Nächsten, draus sich zu belehren.

Autore
Joanne Sebast. Bach
p.t.Capellae Magistri
S.P.R.Anhaltini
Cotheniensis.

(Nach dem Autograph.)

Nun komm' der Heiden Heiland.

Gott, durch deine Güte
oder:
Gottes Sohn ist kommen.
(In Canone all' Ottava, a 2 Clav. e Pedale.)

Herr Christ, der ein'ge Gottes-Sohn
oder:
Herr Gott, nun sei gepreiset.

Lob sei dem allmächtigen Gott.

Puer natus in Bethlehem.

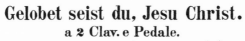

Leere Seite im Autographe für den Choral:
Lob sei Gott in des Himmels Thron.

Gelobet seist du, Jesu Christ.
a 2 Clav. e Pedale.

Der Tag, der ist so freudenreich.
a 2 Clav. e Pedale.

Vom Himmel hoch, da komm' ich her.

Vom Himmel kam der Engel Schaar.

(a 2 Clav. e Pedale.)

In dulci jubilo.
(Canone doppio all'Ottava a 2 Clav. e Pedale.)

Lobt Gott, ihr Christen, allzugleich.

Jesu, meine Freude.

Christum wir sollen loben schon.

Corale in Alto.

Adagio.

Wir Christenleut'.

Helft mir Gottes Güte preisen.

Das alte Jahr vergangen ist.

a 2 Clav. e Pedale.

In dir ist Freude.

Mit Fried' und Freud' ich fahr' dahin.

Herr Gott, nun schleuss den Himmel auf.
(a 2 Clav. e Pedale.)

O Lamm Gottes, unschuldig.
Canone alla Quinta.

Christe, du Lamm Gottes.
in Canone alla Duodecima a 2 Clav. e Pedale.

Christus, der uns selig macht.*)
in Canone all' Ottava.

*) Siehe die ältere Lesart im Anhange Seite 149.

Da Jesus an dem Kreuze stund.

O Mensch, bewein' dein' Sünde gross.

a 2 Clav. e Pedale.

Adagio assai.

adagissimo

adagissimo

Wir danken dir, Herr Jesu Christ,
Dass du für uns gestorben bist.

Hilf Gott, dass mir's gelinge.
(Canone alla Quinta) a 2 Clav. e Pedale.

0

0

Leere Blätter im Autographe für die Choräle:

O Jesu, wie ist dein' Gestalt.

O Traurigkeit, o Herzeleid:

Allein nach dir, Herr, Herr Jesu Christ,   Herzliebster Jesu, was hast du verbrochen.
verlanget mich.   Nun giebt mein Jesus gute Nacht.

O wir armen Sünder.

Christ lag in Todesbanden.

Jesus Christus, unser Heiland.

Christ ist erstanden.

Vers 1.

Vers 2.

Vers 3.

Erstanden ist der heil'ge Christ.

Erschienen ist der herrliche Tag.

a 2 Clav. e Pedale in Canone.

Heut' triumphiret Gottes Sohn.

Leere Blätter im Autographe für die Choräle:

Gen Himmel aufgefahren ist.
Nun freut euch, Gottes Kinder, all.

Komm, heiliger Geist, erfüll' die Herzen
deiner Gläubigen.
Komm, heiliger Geist, Herre Gott.

Komm, Gott, Schöpfer, heiliger Geist.*)

*) Siehe die grössere Bearbeitung Seite 142, die ältere Lesart im Anhange Seite 150.

Leere Blätter im Autographe für die Choräle:

Nun bitten wir den heil'gen Geist.

Spiritus S. gratia, oder: Des heil'gen
Geistes reiche Gnad'.

O heil'ger Geist, du göttlich's Feu'r.

O heiliger Geist, o heiliger Gott.

Herr Jesu Christ, dich zu uns wend'.

Liebster Jesu, wir sind hier.
in Canone alla Quinta a 2 Clav. e Pedale.

Liebster Jesu, wir sind hier.

distinctius.

Leere Blätter im Autographe für die Choräle:

Gott, der Vater, wohn' uns bei.

Allein Gott in der Höh' sei Ehr'.

Der du bist Drei in Einigkeit.

Gelobet sei der Herr, der Gott Israël.

Meine Seel' erhebt den Herren.

Herr Gott, dich loben alle wir.

Es stehn vor Gottes Throne.

Herr Gott, dich loben wir.

O Herre Gott, dein göttlich Wort.

Dies sind die heil'gen zehn Gebot'.

Leere Seiten im Autographe für die Choräle:

Mensch, willst du leben seliglich. — Herr Gott, erhalt' uns für und für. — Wir glauben all' an einen Gott.

Vater unser im Himmelreich.

Leere Blätter im Autographe für die Choräle:

Christ, unser Herr, zum Jordan kam.	Ach Gott und Herr.
Aus tiefer Noth schrei' ich zu dir.	Herr Jesu Christ, du höchstes Gut.
Erbarm' dich mein, o Herre Gott.	Ach Herr, mich armen Sünder.
Jesu, der du meine Seele.	Wo sollt ich fliehen hin.
Allein zu dir, Herr Jesu Christ.	Wir haben schwerlich.

Durch Adam's Fall ist ganz verderbt.

Es ist das Heil uns kommen her.

Leere Blätter im Autographe für die Choräle:

Jesus Christus, unser Heiland, der von uns.

Gott sei gelobet und gebenedeiet.

Der Herr ist mein getreuer Hirt.

Jetzt komm' ich als ein armer Gast.

O Jesu, du edle Gabe

Wir danken dir, Herr Jesu Christ, dass du das Lämmlein.

Ich weiss ein Blümlein, hübsch und fein.

Nun freut euch, lieben Christen, g'mein.

Nun lob' mein' Seel' den Herren.

Wohl dem, der in Gottes Furcht steht.

Wo Gott zum Haus nicht giebt sein' Gunst.

Was mein Gott will, das gescheh' allzeit.

Kommt her zu mir, spricht Gottes Sohn.

Ich ruf' zu dir, Herr Jesu Christ.

a 2 Clav. e Pedale.

Leere Blätter im Autographe für die Choräle:

Weltlich Ehr' und zeitlich Gut.	Wie's Gott gefällt, so gefällt mir's auch.
Von Gott will ich nicht lassen.	O Gott, du frommer Gott.
Wer Gott vertraut.	In dich hab' ich gehoffet, Herr.

In dich hab' ich gehoffet, Herr.

alio Modo.

Leere Seite im Autographe für den Choral:

Mag ich Unglück nicht widerstahn.

Wenn wir in höchsten Nöthen sein.*)

a 2 Clav. e Pedale.

Leere Blätter im Autographe für die Choräle:

An Wasserflüssen Babylon.

Warum betrübst du dich, mein Herz.

Frisch auf, mein' Seel', verzage nicht.

Ach Gott, wie manches Herzeleid.

Ach Gott, erhör' mein Seufzen und Wehklagen.

So wünsch' ich nun eine gute Nacht.

Ach lieben Christen, seid getrost.

Wenn dich Unglück thut greifen an.

Keinen hat Gott verlassen.

Gott ist mein Heil, mein' Hülf' und Trost.

Was Gott thut, das ist wohlgethan. Kein einig.

Was Gott thut, das ist wohlgethan, es bleibt gerecht.

*) Siehe die spätere, grössere Bearbeitung Seite 145.

Wer nur den lieben Gott lässt walten.

Leere Blätter im Autographe für die Choräle:

Ach Gott, vom Himmel sieh darein.

Es spricht der Unweisen Mund wohl.

Ein' feste Burg ist unser Gott.

Es woll' uns Gott genädig sein.

Wär' Gott nicht mit uns diese Zeit.

Wo Gott, der Herr, nicht bei uns hält.

Wie schön leuchtet der Morgenstern.

Wie nach einer Wasserquelle.

Erhalt' uns, Herr, bei deinem Wort.

Lass mich dein sein und bleiben.

Gieb Fried', o frommer, treuer Gott, du.

Du Friedefürst, Herr Jesu Christ.

O grosser Gott von Macht.

Wenn mein Stündlein vorhanden ist.

Herr Jesu Christ, wahr'r Mensch und Gott.

Mitten wir im Leben sind.

Alle Menschen müssen sterben.

Alle Menschen müssen sterben.
Alio modo.

Leere Blätter im Autographe für die Choräle:

Valet will ich dir geben.	Ich dank' dir schon.
Nun lasst uns den Leib begraben.	Das walt' mein Gott.
Christus, der ist mein Leben.	Christ, der du bist der helle Tag.
Herzlich lieb hab' ich dich, o Herr.	Christe, der du bist Tag und Licht.
Auf meinen lieben Gott.	Werde munter, mein Gemüthe.
Herr Jesu Christ, ich weiss gar wohl.	Nun ruhen alle Wälder.
Mach's mit mir Gott nach deiner Güt'.	Danket dem Herrn, denn er ist.
Herr Jesu Christ, mein's Lebens Licht.	Nun lasst uns Gott, dem Herren.
Mein' Wallfahrt ich vollendet hab'.	Lobet den Herrn, denn er ist sehr freundlich.
Gott hat das Evangelium.	Singen wir aus Herzens Grund.
Ach Gott, thu' dich erbarmen.	Gott Vater, der du deine Sonne.
Gott des Himmels und der Erden.	Jesu, meines Herzens Freud'.
Ich dank' dir, lieber Herre.	Ach, was soll ich Sünder machen.
Aus meines Herzens Grunde.	

Ach wie nichtig, ach wie flüchtig.

Leere Blätter im Autographe für die Choräle:

Ach, was ist doch unser Leben.

Allenthalben, wo ich gehe.

Hast du denn, Jesu, dein Angesicht; oder: Soll ich denn, Jesu.

Sei gegrüsset, Jesu gütig; oder: O Jesu, du edle Gabe.

Schmücke dich, o liebe Seele.

Six Schübler Chorales

II.

Sechs Choräle

von verschiedener Art

auf einer

Orgel

mit 2 Clavieren und Pedal

vorzuspielen,

verfertiget von

Johann Sebastian Bach,

Königl. Poln. und Churf. Sächs. Hof-Compositeur, Capellm. und Direct. Chor. Mus. Lips.

In Verlegung Joh. Georg Schüblers zu Zella am Thüringer Walde.

Sind zu haben in Leipzig bei Herrn Capellm. Bach, bei dessen Herrn Söhnen in Berlin und Halle, u. bei dem Verleger zu Zella.

Wachet auf, ruft uns die Stimme.*)

Canto fermo in Tenore.

*) Vergleiche den Tenor-Satz in der Cantate: „Wachet auf, ruft uns die Stimme".

B.W. XXV.(2)

Wo soll ich fliehen hin
oder:
Auf meinen lieben Gott.
a 2 Clav. e Pedale.

Wer nur den lieben Gott lässt walten.*)

Pedal 4 Fuss.

*) Vergleiche Jahrgang XXII Seite 87.

Meine Seele erhebt den Herren.*⁾

a 2 Clav. e Pedale.

Ach bleib bei uns, Herr Jesu Christ.*)
a 2 Clav. e Pedale.

Fine

Dal Segno. 𝄋

Kommst du nun, Jesu, vom Himmel herunter.*)
a 2 Clav. e Pedale.

Ped.4 Fuss.

*) Ursprünglich Vers 2 der Cantate: „Lobe den Herren, den mächtigen König der Ehren".

Da Capo.

Eighteen Chorale Preludes

II.

Achtzehn Choräle

von verschiedener Art

auf einer

Orgel

mit 2 Clavieren und Pedal

vorzuspielen.

verfertiget von

Johann Sebastian Bach,

Königl. Poln. und Churf. Sächs. Hof-Compositeur,
Capellm. und Direct. Chor. Mus. Lips.

(Nach dem Autograph.)

J. J.
Fantasia super
Komm, heiliger Geist.*)
Canto fermo in Pedale
di J. S. Bach.

In Organo pleno.

Pedal.

*) Siehe die ältere Lesart im Anhange Seite 151.

Komm, heiliger Geist.*⁾
alio modo a 2 Clav. e Pedale
di J. S. Bach.

An Wasserflüssen Babylon.*)
a 2 Clav. e Pedale
di J. S. Bach.

*) Siehe die ältere Lesart im Anhange Seite 157.

Schmücke dich, o liebe Seele.

a 2 Clav. e Pedale
di J. S. Bach.

[97] 265

Trio super
Herr Jesu Christ, dich zu uns wend'.*)
a 2 Clav. e Pedale
di J. S. Bach.

*) Vergleiche die älteren Lesarten im Anhange Seite 159, 160, 162.

(Choral.)

O Lamm Gottes unschuldig.*)

3 Versus
di J. S. Bach.

1 Versus manualiter.

(Choral.)

(2 Versus manualiter.)

(Choral.)

3 Versus.

Nun danket Alle Gott.
a 2 Clav. e Pedale, canto fermo in Soprano
di J. S. Bach.

Choral.

Von Gott will ich nicht lassen.*)

Canto fermo in Pedale
di J. S. Bach.

Nun komm' der Heiden Heiland.*)

a 2 Clav. e Pedale

di J.S.Bach.

*) Siehe die ältere Lesart im Anhange Seite 172.

Trio super:
Nun komm' der Heiden Heiland.*⁾

a due Bassi e Canto fermo

di J. S. Bach.

*) Vergleiche die beiden älteren Lesarten im Anhange Seite 174, 176.

B.W. XXV.(2)

Nun komm' der Heiden Heiland.*)
In Organo pleno. Canto fermo in Pedale
di J. S. Bach.

*) Siehe die ältere Lesart im Anhange Seite **178**.   B.W. XXV. (2)

Allein Gott in der Höh' sei Ehr'.

a 2 Clav. e Pedale. Canto fermo in Soprano
di J. S. Bach.

Allein Gott in der Höh' sei Ehr'.*)

a 2 Clav. e Pedale. Canto fermo in Tenore
di J. S. Bach.

cantabile

Trio super
Allein Gott in der Höh' sei Ehr'.*)
a 2 Clav. e Pedale
di J. S. Bach.

(Choral)

Jesus Christus, unser Heiland,*)
sub Communione. Pedaliter.
di J. S. Bach.

Jesus Christus, unser Heiland,

alio modo
di J.S.Bach.

Choral

(Choral)

Pedal

Komm, Gott, Schöpfer, heiliger Geist*)
in Organo pleno con Pedale obligato
di J. S. Bach.

*) Vergleiche die ältere, kürzere Lesart im „Orgelbüchlein", Seite **47**.

Vor deinen Thron tret' ich. *)

(oder: Wenn wir in höchsten Nöthen sein.)

*) Vergleiche die ältere, kürzere Lesart: „Wenn wir in höchsten Nöthen sein" im „Orgelbüchlein", Seite **57**.

Supplement

a. Two older versions to "Das Orgelbüchlein"

b. Fifteen older versions to "Eighteen Chorale Preludes"

Anhang.

a, Zwei ältere Lesarten zu Sammlung I.
(Orgelbüchlein)

b, Funfzehn ältere Lesarten zu Sammlung III.

a. Two older versions to "Das Orgelbüchlein"

Older version to page 198

Christus, der uns selig macht.

in Canone all' Ottava.

Older version to page 215

Komm, Gott, Schöpfer, heiliger Geist.

b. Fifteen older versions to "Eighteen Chorale Preludes"

Older version to page 247

Fantasia (Praeludium) super
Komm, heiliger Geist, Herre Gott.

Older version to page 254

Komm, heiliger Geist, Herre Gott.

a 2 Clav. e Pedale.

322 [154]

Older version to page 260

An Wasserflüssen Babylon.

alio modo a 4 (con 2 Clav. e simp. Pedale.)

Three older versions to page 266

a. Herr Jesu Christ, dich zu uns wend'.
Trio.

(Choral)

b. Herr Jesu Christ, dich zu uns wend'.
Trio
a 2 Clav. e Ped.

c. Trio super
Herr Jesu Christ, dich zu uns wend'.
a 2 Clav. e Ped.

(Choral)

Older version to page 270

O Lamm Gottes unschuldig.

(1 Versus manualiter.)

(Choral)

1.

2.

(Choral)

(2 Versus manualiter.)

(3 Versus.)

Pedal.   (Choral)

Older version to page 280
Fantasia super
Von Gott will ich nicht lassen.

Older version to page 282

Fantasia super
Nun komm' der Heiden Heiland.
(a 2 Clav. e Pedale.)

Two older versions to page 284
a. Nun komm' der Heiden Heiland.

a 2 Clav. e Pedale

di Joh. Seb. Bach.

(Nach dem Autograph.)

b. Nun komm' der Heiden Heiland.

a 2 Clav. e (Canto fermo in) Pedale.

Older version to page 286

Nun komm' der Heiden Heiland.

(Canto fermo in Pedale.)

Older version to page 293

Allein Gott in der Höh' sei Ehr'.

a 2 Clav. e Pedale.

cantabile

Older version to page 298

Trio super
Allein Gott in der Höh' sei Ehr'.
(Nach der Originalhandschrift.)

354 [186)

(Choral)

Older version to page 304

Jesus Christus, unser Heiland.

In Organo pleno.

INHALTSVERZEICHNISS.

I bezeichnet das Orgelbüchlein,
II die 6 (Schübler'schen) Choräle,
III die 18 grossen Choralbearbeitungen.

***

ANHANG.